AF259713

# LA
# DÉFENSE DU FOYER

PAR

## UN OFFICIER SUPÉRIEUR

PARIS

IMPRIMERIE MODERNE — BARTHIER, DIRECTEUR

61, RUE JEAN-JACQUES-ROUSSEAU, 61

1874

Jusqu'à ce jour, on ne s'est guère préoccupé, dans la défense de notre pays, que de l'organisation de l'armée régulière, de celle qui doit supporter le principal effort de l'ennemi et faire face à ses premières entreprises. — On n'a pas songé à créer, derrière cette première armée, une seconde force non moins importante, composée de volontaires, organisée en temps de paix et chargée de défendre le territoire, non plus en bataille rangée, mais par une série de coups de main et d'efforts individuels (1).

Il y a là, à notre avis, dans notre système militaire, une lacune importante à combler, lacune que la guerre malheureuse de 1870-71 n'a que trop mise en évidence; et, en effet, la dernière invasion de la Prusse ne nous a-t-elle pas montré que, lorsqu'une armée régulière était contrainte, à la suite d'un

---

(1) L'Italie vient d'entrer dans la voie que nous indiquons en créant vingt-quatre compagnies dites Alpines, en vue de défendre sa frontière des Alpes. Quand créerons-nous des compagnies Vosgiennes, Jurassiennes, Pyrénéennes, etc...?

échec ou d'un revers, de se retirer dans l'intérieur du pays, le terrain ainsi abandonné devenait la proie de l'ennemi, qui pouvait s'y mouvoir et s'y installer en toute sécurité, sans avoir à redouter, pour ses convois et pour ses lignes de communication, aucun danger sérieux. C'est en vain que quelques bandes de francs-tireurs et de volontaires, ressuscitant le vieux patriotisme de 1814 et de 1815, essayaient d'apporter quelque obstacle à la marche du flot envahisseur; ces héroïques tentatives, faites le plus souvent au hasard, sans plan, sans direction bien déterminés, venaient échouer invariablement contre la méthodique et savante tactique de l'adversaire. Eh bien, il faut mettre à profit la récente et cruelle leçon que la Prusse nous a infligée, et chercher si, dans les loisirs de la paix, nous ne pourrions pas créer cette précieuse ressource de la défense locale; défense disséminée, insaisissable pour l'ennemi, qui s'abrite derrière un bois ou une haie, et qui doit toujours pivoter autour du foyer natal. En un mot, en même temps que la guerre régulière, ne pouvons-nous pas organiser la guerre de partisans qui a sauvé l'Espagne et le Mexique?

# UN SOUVENIR

Au début de la guerre, au mois d'août 1870, lorsque l'armée du maréchal Bazaine se retirait après l'échec de Spicheren, de Bouley et de Saint-Avold, sur la place de Metz, le plus lamentable spectacle s'offrait à nos yeux; au moment où nous traversions les villages de notre pauvre Lorraine, tous les hommes valides, tenant suspendu à l'épaule, au bout d'un bâton, un modeste paquet de vêtements, venaient se joindre à nos rangs, l'âme sombre et désespérée, fuyant l'armée de l'envahisseur. Tous brûlaient du désir de défendre leurs foyers et d'aller s'embusquer derrière les haies, au fond des bois, pour vendre chèrement leur existence; mais ils n'avaient pas d'armes... L'empire s'était bien gardé de confier un fusil à ces braves populations rurales, dont il se disait adoré parce qu'il avait surpris leurs votes dans les urnes plébiscitaires. — Aussi, quelle désolation sur tous les visages de ces pauvres fugitifs! « Nous n'avons jamais touché un fusil, disaient-« ils; ah! si nous étions armés, si nous avions été « exercés au maniement du chassepot, comme nous « irions défendre notre pays, qui se prête si bien « aux surprises! Voyez-vous cette côte rapide au

« milieu du bois ! — l'ennemi passera là, lui et ses
« innombrables voitures, ses longs convois de vivres
« et de munitions. Placés à la lisière qui borde la
« route, au haut de ce rocher, derrière ce talus,
« quel beau feu nous ferions sur la colonne ennemie !
« — puis, nous jouerions des jambes à travers les
« sentiers de la forêt, qui nous sont si familiers, et
« nous irions plus loin tendre une nouvelle embus-
« cade. Mais nous n'avons ni poudre, ni fusils..., et
« nous voilà obligés de partir, le bâton à la main,
« en versant, hélas ! des pleurs inutiles. » — Et ils
suivaient notre armée en retraite en longues files,
abattus, silencieux, après avoir jeté un dernier re-
gard *au pays !*

Ces scènes lugubres, qui se renouvelaient chaque
jour pendant cette retraite précipitée sur Metz, ne
sortiront jamais de notre mémoire. — Pauvre France,
qui t'étais jetée avec tant d'imprévoyance et de folie
dans les bras d'un aventurier ! Qu'avait-il fait, cet
homme, des trésors de dévouement et de courage que
ses enfants lui offraient avec tant d'abnégation ?
Avait-il préparé avec soin, élaboré dans ses plus petits détails le plan de campagne qu'il entreprenait,
avec tant de présomption, contre un adversaire méthodique, industrieux, méticuleux et *toujours en ve-
dette ?* Non ! Il avait jeté sur la frontière, de Thionville à Belfort, une armée de deux cent mille hommes
fractionnée en petits paquets, à Thionville, à Boulay,

à Saint-Avold, à Sarreguemines, à Strasbourg, à Belfort, avec la garde en réserve à Metz, et derrière elle il n'y avait rien d'organisé. Aussi, comme l'a dit un grand citoyen, après Sedan, la France, nue et sans armes, était surprise par les Prussiens comme au saut du lit.

- Ça été l'honneur du gouvernement de la Défense nationale de n'avoir pas désespéré d'une situation si terrible et d'avoir, malgré la perte de toutes nos forces régulières, malgré celle de nos cadres d'officiers, osé soutenir contre la Prusse une lutte héroïque de cinq mois. — « La France, dit le major prussien Blume, était peut-être le seul pays qui pût accomplir ce prodige, » et nous ajouterons que c'est cette merveilleuse résistance organisée par la République qui l'a relevée aux yeux du monde.

Ainsi donc, ne désespérons pas de l'avenir ! Chez nous, les éléments de la défense sont excellents, il suffit de les organiser. C'est à l'étude patiente, à la préparation infatigable de toutes les ressources du pays que nous devons consacrer nos efforts. — Cela dit, apportons notre modeste concours à l'œuvre commune.

# RECRUTEMENT DE LA DÉFENSE LOCALE

La loi militaire de 1872 prend pour l'armée régulière tous les hommes de vingt à quarante ans, — il ne faut donc pas compter sur eux exclusivement pour la défense locale. Mais il reste à notre disposition les jeunes gens de dix-sept à vingt ans et les hommes faits qui ont dépassé l'âge de quarante ans. C'est plus qu'il n'en faut pour constituer le personnel de la défense du foyer. Ce personnel, il faut l'exercer en temps de paix et le préparer au rôle qu'il doit jouer en temps de guerre; — pour cela, il suffit d'instituer, dans chaque commune, un tir à la cible et de faire exécuter à nos tireurs, pendant la belle saison, quelques opérations militaires simples, saisissantes, qui impriment fortement dans leur esprit la nécessité de la résistance. Entrons, à ce sujet, dans quelques développements.

## TIR A LA CIBLE

Quel est aujourd'hui le délassement favori des habitants de nos campagnes, les dimanches et jours de fêtes? Le jeu de quilles et le cabaret. Les uns viennent risquer sur un coup de boule les économies de la semaine; les autres vont au cabaret s'enfermer dans quelque pièce enfumée et causer de leurs affaires entre une partie de piquet et une bouteille de vin! Faut-il les en blâmer? Mon Dieu non! Pendant la semaine le paysan, tout entier à ses travaux, à la culture de son petit domaine, vit isolé dans ses champs, dans sa grange, et, le soir venu, éprouve le besoin si naturel, après une journée de labeur, d'aller se reposer. Ce n'est qu'aux jours fériés qu'il fréquente ses concitoyens et échange avec eux et ses idées et ses aspirations. Sa demeure n'est pas assez spacieuse pour recevoir des visites; il va donc sur la place publique, au jeu de quilles ou au cabaret, chercher l'espace et les amis, et il *tue le temps*, comme il dit, le temps, cet ennemi si dur et si rigoureux pour lui. — Offrez lui la salutaire distraction du tir à la cible; il s'y adonnera avec ardeur. Que faut-il pour cela? Quelques chassepots prêtés par le ministère de la guerre à la municipalité de chaque commune et placés sous sa responsabilité, une cible et ses accessoires, quelques cartouches fournies à prix réduit par l'État. Tel est le matériel nécessaire à l'institution que nous réclamons.

Placez maintenant tous ces tirs sous le patronage d'une commission de canton ou d'arrondissement; instituez des concours annuels dans les villages, dans les cantons; stimulez le zèle des tireurs à l'aide de quelques prix, de quelques distinctions honorifiques (épingles de tir, fusils d'honneur...), et vous verrez avec quel entrain les habitants de nos villages iront s'essayer à mettre une balle dans le rond.

Là, devant la cible, toutes les classes de la société villageoise se donneront rendez-vous : propriétaires, fermiers, ouvriers feront assaut d'adresse. Où serait le mal, si, dans la chaleur du feu, ils éprouvaient le besoin de rafraîchir leur palais à quelque buvette improvisée et de boire à leur mère commune, à la France ?

Imitons cette petite République, petite par l'étendue de son territoire, mais si grande par la valeur de ses institutions. Chacun sait, dit la *Revue militaire de l'étranger*, que, pour les Suisses, le tir à la cible est un passe-temps véritablement national. Chaque village possède, outre un local disposé pour le tir, une société à laquelle tous les citoyens se font honneur d'appartenir. L'État encourage cet utile exercice en fournissant des cartouches à prix réduit et en distribuant gratuitement des munitions aux meilleurs tireurs.

Voici à quels résultats est parvenue une de ces sociétés appartenant au bataillon du canton de Berne :

A la distance de 300 mètres, deux tireurs ont mis toutes leurs balles dans la cible ;

Cinq ou six tireurs, quatre-vingt-quinze balles sur cent.

Vingt tireurs, environ quatre-vingt-dix balles sur cent.

La moyenne générale obtenue par les tireurs de la société était de soixante-quinze balles mises dans la cible sur cent.

Voilà ce que sait faire un pays libre ! Le jour où notre ministre de la guerre le voudra, la France en fera autant.

Supposons donc que tous ou presque tous nos villages aient des tireurs à la cible exercés et habitués au maniement de leurs armes. Il s'y rencontrera bien quelque ancien militaire qui saura en former un petit peloton se rendant en ordre, chaque dimanche, au champ de tir. Il reste à leur apprendre leur rôle en temps de guerre ; c'est la question que nous allons examiner.

# LA DÉFENSE DU VILLAGE

Il n'est guère de village qui n'offre, dans son voisinage, quelque position militaire, quelque bois, quelque gorge, quelque pli de terrain bon à défendre en temps de guerre. Ce serait à une commission d'arrondissement, éclairée de l'avis du génie, à indiquer à chaque commune son poste de combat, dans l'hypothèse d'une invasion. Ce poste une fois fixé, on indiquerait également le point de retraite où devraient se rassembler les défenseurs en cas d'échec. Dès lors, il sera facile d'organiser, dans la belle saison, quelques séances de petite guerre, où, sous la direction d'un officier, on ferait le simulacre de l'attaque et de la défense de la position indiquée.

On pourrait astreindre les hommes appartenant à l'armée territoriale à suivre ces exercices et encourager les autres par quelques petites faveurs. De reste, cette pratique de la petite guerre ne ferait-elle pas comprendre aux habitants de chaque commune la nécessité de disputer à l'ennemi, l'heure du péril venue, la possession de leurs foyers?

Mais, dira-t-on, le paysan n'osera que rarement affronter le danger de voir sa maison et ses récoltes incendiées, et il cédera bien vite aux menaces de l'étranger. Nous estimons qu'un excellent moyen d'empêcher les défaillances serait de déclarer, par une loi, que toute la France est solidaire des dommages encourus par la défense locale, et que toute perte éprouvée par suite d'une résistance énergique sera intégralement remboursée. Ne vaut-il pas mieux, pour un pays envahi, se payer à soi-même les milliards de la résistance que de livrer à l'ennemi ceux de la défaite passive et inerte?

Quelle issue différente aurait eu la cruelle guerre dont nous sortons si, au milieu de départements occupés par l'ennemi, principalement le long de cette longue voie de ravitaillement, plus de 100 lieues de développement, de Paris à Strasbourg, des patriotes indomptables avaient harcelé l'envahisseur sans repos ni trève?

Organisons donc, pendant les loisirs de la paix, la défense locale; les nombreuses forêts de notre frontière de l'Est s'y prêtent admirablement. L'armée territoriale trouvera là un de ses rôles les plus glorieux et les plus utiles. Mais nous voudrions que ceux même qui, valides encore, ont dépassé l'âge de quarante ans, prissent part à cette patriotique entreprise, celle qui consiste à défendre son propre foyer. Embrassons maintenant d'une vue d'ensemble nos institutions militaires, telles que nous les concevons, et montrons ce que serait alors, au point de vue de la défense du pays, un citoyen.

# CE QUE DOIT ÊTRE LE CITOYEN

De sept à treize ou quatorze ans, l'enfant est à l'école; il est soumis, le jeudi et le dimanche, à quelques exercices élémentaires; il marche au pas cadencé et exécute les mouvements les plus simples de l'école de peloton, sous la direction de son instituteur. En classe, son esprit est nourri de lectures militaires; on lui raconte les principaux faits d'armes de la guerre de 1870, les défenses énergiques de Belfort, de Châteaudun, de Saint-Quentin, les hauts faits de la défense locale : Nogent-le-Roi, incendié par les Prussiens; Fontenay-sur-Moselle, dévasté et brûlé, etc.; on lui rappelle surtout les barbares traitements subis pas les francs-tireurs, par tous ceux qui ont voulu défendre leurs foyers.

Le dimanche, l'enfant, l'esprit plein encore de ce patriotique enseignement, èst conduit au tir à la cible de son village; il y voit ses aînés s'exercer au maniement de l'arme qui vengera plus tard, il faut l'espérer, l'affront fait à son pays.

Bientôt il arrive à l'âge de seize ou dix-sept ans,

où lui-même pourra tenir dans ses mains l'arme tant désirée et suivre la trace de ses devanciers. Puis, à vingt ans ou plus tôt s'il s'engage, il est incorporé dans l'armée active, non plus novice et effaré comme aujourd'hui, mais maniant déjà d'une main familière l'arme qui lui est confiée.

De vingt-deux à vingt-trois ans, il est renvoyé dans ses foyers, appartenant toujours à l'armée active. Là, chaque dimanche, il reprend sa place au tir à la cible de son village, guide et moniteur de ses jeunes camarades.

Placé, de vingt-sept à quarante ans, dans l'armée territoriale, il continue à appartenir à l'armée régulière. Ne pouvant plus être mobilisé qu'en temps de guerre, il reprend racine au village natal, apte à y propager les traditions militaires de son régiment.

Enfin, à partir de quarante ans, il a payé sa dette à son pays, mais il se doit encore à la défense locale. Certes, ce n'est pas lui qu'on verra marchander son sang au salut de son pays et saluer autrement que par des balles l'invasion de l'étranger.

Résumons-nous. Pour que la France se relève, il faut que l'esprit militaire, l'esprit de sacrifice revive dans chaque village, dans chaque hameau ; il faut que toute la jeunesse française passe deux à trois années sous les drapeaux. Rendue ensuite à ses foyers, il faut qu'elle s'y groupe en sociétés de tir, pour ne pas perdre complétement le fruit de l'in-

struction régimentaire. « Alors, comme l'a dit Gam-
« betta, la France, s'étant ressaisie elle-même, ayant
« assujetti tous ses enfants au service militaire, et
« tous ses citoyens à des contributions justes et
« également réparties, ayant réalisé l'immense et
« nécessaire réforme de l'éducation nationale, —
« pourra, dans une heure décisive, présenter tous
« ses fils égaux et régénérés comme un faisceau in-
« dissoluble devant l'ennemi. »

FIN

Paris. — Imp. Moderne (Barthier d'), r. J.-J.-Rousseau, 61.